Sandrine Gabet

Cuaderno de ejercicios

para regular tu peso según las terapias cognitivo-conductuales (TCC)

Ilustraciones de Sophie Lambda

terapias**verdes**

Para aligerar el texto, se utiliza el género masculino
en ciertos casos, aunque como es lógico, el cuaderno
implica por igual a mujeres y hombres. *(N. del E.)*

Título original
*Petit cahier d´exercices pour réguler son poids
selon les thérapies comportementales et cognitives (TCC)*
© Éditions Jouvence, 2014
Éditions Jouvence S.A.
Francia: BP 90107 - 74161 Saint-Julien-en-Genevois Cedex
Suiza: CP 89 - 1226 Thônex (Genève)

Primera edición: marzo de 2017

© de esta edición: Ediciones Urano, S.A.U.
Aribau, 142, pral. — 08036 Barcelona

www.terapiasverdes.com

© de la traducción: Tabita

Cubierta: Éditions Jouvence
Compaginación: Thomas Schencker y Stéphanie Roze
Dibujos de cubierta e interior: Sophie Lambda

Fotocomposición: Ediciones Urano, S.A.U.

Impresión: UNIGRAF, S.L.
Avda. Cámara de la Industria 38 — 28938 Móstoles (Madrid)

Depósito legal: B-2.639-2017

ISBN: 978-84-16972-04-3

Introducción

¿Qué permite regular el peso?

↗ ¿Una dieta?
↗ ¿Hacer deporte?
↗ ¿Comer 5 frutas y
verduras al día?

En el fondo, **nada de esto.**

¡TENGO HAMBRE!

El hambre
es lo que
permite regular
el peso.

He aquí algunos ejercicios
para regular tu peso si
padeces sobrepeso.

3

El hambre

El hambre es la sensación física que traduce la necesidad de comer. ¿Cuáles son tus propias señales de hambre?

¿boca seca o, al contrario, salivación importante?

¿sensaciones en la garganta?

¿acidez en el esófago?

¿gorgoteo en el estómago?

¿sensación de estómago vacío, retortijones?, etc.

Si no notas ninguna de estas sensaciones, te propongo que hagas el experimento del hambre según el siguiente protocolo:

1. Suprime el desayuno, y eventualmente el almuerzo, durante 4 días (mantén una bebida caliente).

2. Prevé un tentempié de tu agrado.

3. Consume el tentempié a lo largo de la mañana, ocasionalmente durante la tarde, solo en caso de hambre.

4. Al cabo de estos 4 días, utiliza el hambre: te servirá a diario como indicador para regular tu peso; entonces, espera a sentirla antes de comer.

	Hora de aparición del hambre	Tiempo de espera	Puntuar el hambre del 1 al 10 / Describir los indicadores del hambre (¿cómo los soportas?)	Tipo de tentempié o comida	Hora de la siguiente comida
DÍA 1					
DÍA 2					
DÍA 3					
DÍA 4					

Tus comentarios sobre la experiencia del hambre:

. . . .

. . . .

. . . .

Cuando experimentas HAMBRE física, el semáforo de tu organismo se pone en verde.

¡¡¡COME!!!

Las kilocalorías serán quemadas por tu cuerpo para asegurar tu metabolismo de base (el gasto energético que permite mantener tus funciones vitales, tu temperatura interna
a 37 °C, etc.).

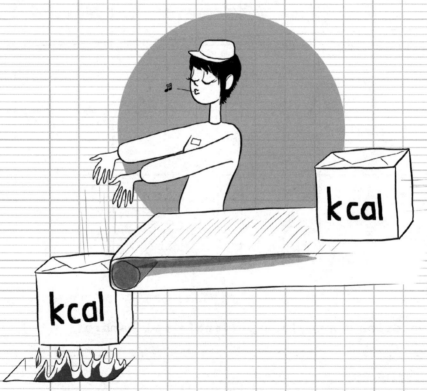

La cuestión no es morirse de hambre, sino experimentar
hambre justo antes de comer.

Por lo tanto, es importante diferenciar entre **la sensación de
hambre y las ganas de comer.**

La saciedad

A la inversa, cuando experimentas la **saciedad**, esa sensación
de bienestar durante la comida en la que el hambre desapa-
rece (mucho antes de llegar al «empacho»), se enciende el
semáforo rojo de tu organismo, dado que ya no es capaz de
quemar las calorías absorbidas.

¡La SACIEDAD
es el momento
en el que me
siento BIEN!

Entonces, ¡**para de comer!** ¡Respeta tu semáforo rojo!
Si sobrepasas la saciedad, si te sientes pesado, tu
organismo ya no puede quemar las calorías ingeridas
y, por consiguiente, empezará a almacenar las calorías
que sigues aportándole en tus células adiposas (teji-
dos grasos).

Gracias al siguiente experimento, titulado «mi buena hambre», vas a poder notar las distintas etapas del hambre y la saciedad, así como el impacto de esta sobre la toma de alimentos y la forma en que vives la comida.

Te propongo que rellenes la siguiente tabla:

↗ Te levantas por la mañana, te hidratas (café, té, zumo de naranja) y esperas a notar un hambre pequeña, unos pequeños gorgoteos el primer día (D1).

↗ Rellenas la tabla antes de comer y luego prosigues con normalidad tu jornada alimentaria. A continuación, el segundo día (D2), puedes experimentar el hambre mediana.

↗ Y el tercer día (D3), siguiendo el mismo protocolo, notarás la gran hambre.

Experimento: mi buena hambre
¡Un máximo de placer con un mínimo de incomodidad!

	Mi buena hambre
Intensidad (1 a 10)	
Pequeña / Mediana / Grande	
Hora de aparición del hambre	
Tiempo de espera	
Describe los indicadores físicos del hambre (nivel de incomodidad del 1 al 10)	
Describe los efectos psicológicos del hambre (nivel de incomodidad del 1 al 10)	
Consecuencias sobre el desarrollo de la comida (nivel de incomodidad del 1 al 10)	Velocidad de la ingesta: .... Placer alimentario: .... Atención al gusto: .... Percepción de la saciedad: .... Respeto de la saciedad: ....

Anota tus observaciones: ¿qué deduces en lo que respecta a tu propio funcionamiento?

....

....

....

....

....

....

....

....

....

....

Mi buena hambre se sitúa entre: ....(del 1 al 10).

Si ya no tienes hambre (a nivel del estómago), pero tu cabeza te dice «¡un poco más!», entonces lo que experimentas son «ganas de comer».

AUTOOBSERVACIÓN DEL COMPORTAMIENTO ALIMENTARIO

¿Por qué no te observas a ti mismo durante algunos días para descifrar tus momentos de hambre, de saciedad y de ganas de comer? Así comprenderás cómo te comportas en tu día a día.

¡Empezamos!

¡COGE TUS BOLÍGRAFOS! ¡Obsérvate durante 5 días!

Experimento: mi cuaderno alimentario

Este es un ejemplo del cuaderno alimentario que vas a rellenar durante los próximos 5 días.

¿HORA? ¿LUGAR? ¿CON QUIÉN? ¿HACIENDO QUÉ?	¿QUÉ Y CUÁNTO?	COMENTARIOS (hambre, saciedad, ganas de comer; situaciones o personas que te incitan a comer más)
Lunes por la mañana, 7.30 En casa con mi cónyuge	Té, ½ *baguette* + una cucharadita de mermelada 1 requesón 1 zumo de frutas	Hambre. No he comido suficiente. Habría comido gustosamente más pan.
Lunes almuerzo, 12.30 En el autoservicio, sola.	2 filetes de merluza 5 cucharadas sope- ras de arroz 1 yogur 1 compota	Tengo hambre. Ya no tenía hambre después de acabar el plato. Hubiese preferido una tarta. El yogur y la compota sobraban.
Lunes, 17.30 En la oficina, merienda para despedir a un compañero.	1 copa de champán Varias galletas	No tenía hambre pero me apetecía mucho probar. He estado comiendo y ha- blando a la vez. Ya no sé cuántas galletas he comido, pero eran demasiadas.
Lunes noche, 20.00 En casa, a la mesa con mi marido y mis hijos. Delante del televisor.	1 alita de pollo 4 patatas salteadas Ensalada verde + 2 cucharaditas de aceite de oliva 1 bola de sorbete de frambuesa	No tenía nada de hambre, pero aun así he comido. Termino el plato. Me siento pesada. He comido demasiado.

12

Nota: esta tabla utilizada a título de ejemplo ha sido rellenada por una paciente.

¿Hora, lugar, con quién, haciendo qué?

Si realizas otra actividad mientras comes, precisa cuál: lectura, televisión, radio, trabajo, etc.

¿Qué y cuánto?

Indica la cantidad de alimento según la unidad que elijas: gramos, litros, centímetros, tazones, cucharadas soperas, rebanadas, lonchas, paquetes...

Comentarios

¿Tienes hambre antes de comer, o bien a veces comes sin hambre?

13

Después de comer, ¿tienes la sensación de estar correctamente saciado, de haber comido demasiado o de no haber comido lo suficiente?

¿Te quedas con ganas de comer no satisfechas?

Es posible que te des cuenta de que comes demasiado (sin hambre, o más allá del hambre) en determinadas circunstancias. Trata de precisarlas:

Recomendaciones para comer mejor:
↗ COMER SIN REALIZAR OTRA ACTIVIDAD
↗ COMER MÁS LENTAMENTE

EL <<SET POINT>> O PESO DE EQUILIBRIO

Es posible que al llegar a esta etapa del tratamiento te preguntes: <<¿Cómo voy a regular mi peso? ¿Puede equilibrarse realmente si como cuando tengo hambre y paro de hacerlo cuando estoy saciado?>>.

¡Expliquemos un poco de biología para verlo más claro!

Nuestro patrimonio genético nos programa para medir cierta estatura al llegar a la edad adulta (excepto los tacones, ¡no hay nada que pueda cambiar esto!).

También estamos programados para tener cierta composición corporal: x kilos de músculos, y kilos de huesos y z kilos de grasa. Pero nuestro comportamiento alimentario puede influenciar en nuestro peso y situarnos por encima o por debajo del set point. 15

· Así pues, si estás **por debajo de tu set point**, sentirás más hambre, porque tu organismo reclama más calorías para volver al set point.

· A la inversa, si estás **por encima de tu set point**, tendrás poca hambre y la saciedad aparecerá muy rápido, con lo cual comerás menos y tu organismo podrá regresar a su set point.

EL OBJETIVO: come lo que necesites, escuchando tu hambre y respetando tu saciedad, para alcanzar ese *set point*, el peso de equilibro para el cual estás genéticamente programado.

Por tanto, comprenderás que, en realidad, no soy yo quien va a decidir tu peso —ni tú tampoco—, ya que está genéticamente programado.

¿Cómo se define el set point?

Es el peso que has mantenido estable durante más tiempo en tu vida sin estar a dieta, sin trastornos del comportamiento alimentario y sin conductas compulsivas. Es el peso que has mantenido estable durante varios años, viviendo normalmente.

Algunas nociones sobre tu set point

Si nunca sientes hambre, ¡es muy positivo! Eso significa que estás por encima de tu peso de equilibrio. Por lo tanto, si esperas de forma sistemática a tener hambre física antes de comer, podrás iniciar la pérdida de peso.

Así, comiendo de acuerdo con tus necesidades, alcanzarás el peso de equilibrio para el cual estás genéticamente programado.

17

Podrás comer cuando sientas hambre física y detenerte cuando estés saciado con el fin de asegurar tu metabolismo de base e iniciar así la pérdida de peso que te hará regresar a tu set point.

Consulta de nuevo tu cuaderno alimentario y comprueba que, a cada toma alimentaria, experimentas previamente la sensación de hambre física. Si no es así, realiza otra vez el experimento del cuaderno y espera a sentir hambre antes de comer.

LAS GANAS

¡GRRRR!

¿Tengo realmente hambre o bien tengo ganas de comer simplemente «porque es la hora»?

¿Qué alimentos me apetecen más (chocolate, bombones, galletas, charcutería)?

¿Cómo voy a regular mi ingesta alimentaria ante tantas posibilidades de elección?

Pero, ¿y las ganas?

Te preguntas cómo gestionar las GANAS de comer cuando no necesariamente tienes hambre. Entonces, ¡déjate guiar placenteramente en el trabajo sensorial que ahora te propongo!

El queso

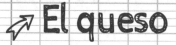

¿Qué piensas del queso?

¿En general?

¿En lo que a ti respecta?

¿Cuál has elegido?

Hoja de degustación

Antes de la degustación (en una escala del 1 al 10), ¿dónde te situarías?:

HAMBRE: 1 2 3 4 5 6 7 8 9 10

GANAS DE COMER: 1 2 3 4 5 6 7 8 9 10

ANSIEDAD: 1 2 3 4 5 6 7 8 9 10

La vista:

Mira y describe la corteza y el interior.

Color:
- [ ] Amarillo pálido
- [ ] Marfil avejentado
- [ ] Blanco roto
- [ ] Naranja
- [ ] Rojizo
- [ ] Gris

Aspecto:
· de la corteza:
- [ ] aterciopelada
- [ ] vellosa
- [ ] con forma de rejilla
- [ ] acanalada
- [ ] granulada

· del interior:
- [ ] liso
- [ ] grumoso
- [ ] untuoso
- [ ] blando
- [ ] duro
- [ ] brillante

El tacto:

Toca el alimento con los dedos y aprecia en tu boca:

La textura:
· la elasticidad:
- [ ] elástico
- [ ] maleable

· la firmeza:
- [ ] duro
- [ ] blando

· la microestructura:
- [ ] lisa
- [ ] harinosa
- [ ] granulosa
- [ ] fina

· la untuosidad:
- [ ] seco
- [ ] untuoso
- [ ] graso
- [ ] rasposo

· la friabilidad:
- [ ] se reblandece
- [ ] se desmigaja

· la adhesividad:
- [ ] pegajoso
- [ ] no pegajoso

LA TEMPERATURA:
- [ ] a temperatura ambiente
- [ ] caliente
- [ ] frío
- [ ] tibio
- [ ] fresco

21

EL OLFATO:

Sin ponértelo en la boca, siente los aromas del queso:

- ☐ olores animales (lana, estiércol...)
- ☐ afrutados
- ☐ especiados
- ☐ amaderados
- ☐ torrefactos
- ☐ ahumados
- ☐ olores lácteos (leche concentrada, crema...)
- ☐ olores vegetales
- ☐ terrosos
- ☐ olor a mar
- ☐ avellana
- ☐ vainilla
- ☐ seta
- ☐ castaña
- ☐ piña
- ☐ nabo
- ☐ coliflor
- ☐ anís
- ☐ nuez
- ☐ alga
- ☐ olores químicos (amoniaco...)
- ☐ olores culinarios (bizcocho, vinagre...)
- ☐ lápiz recién afilado

EL GUSTO:

Se compone de sabores (azucarado, salado, amargo, ácido) y aromas.

DEFINE LOS SABORES:
- ☐ azucarado
- ☐ salado
- ☐ ácido
- ☐ amargo

(tápate la nariz para evitar los aromas y concentrarte en los sabores)

Anota asimismo el nivel de intensidad del gusto:
- ☐ poco ácido
- ☐ ácido
- ☐ muy ácido

Sensaciones trigéminas:
- ☐ picante
- ☐ ardiente
- ☐ fresco
- ☐ mentolado
- ☐ astringente (sequedad)...

Si asocias algún recuerdo con este olor, ¿en qué te hace pensar?

....

....

Siente los aromas en la boca y anótalos a continuación (misma lista que para los olores):

- [ ] olores animales (lana, estiércol...)
- [ ] afrutados
- [ ] especiados
- [ ] amaderados
- [ ] torrefactos
- [ ] ahumados
- [ ] olores lácteos (leche concentrada, crema...)
- [ ] olores vegetales
- [ ] terrosos
- [ ] olor a mar
- [ ] avellana
- [ ] vainilla
- [ ] seta
- [ ] castaña
- [ ] piña
- [ ] nabo
- [ ] coliflor
- [ ] anís
- [ ] nuez
- [ ] alga
- [ ] olores químicos (amoniaco...)
- [ ] olores culinarios (bizcocho, vinagre...)
- [ ] lápiz recién afilado

Hoja de degustación

Tras la degustación (en una escala del 1 al 10), ¿dónde te situarías?

HAMBRE: 1 2 3 4 5 6 7 8 9 10

GANAS DE COMER: 1 2 3 4 5 6 7 8 9 10

ANSIEDAD: 1 2 3 4 5 6 7 8 9 10

23

↗ El chocolate

¿Qué piensas del chocolate?

¿En general?

¿En lo que a ti respecta?

24

¿Cuál has elegido?

Antes de la degustación (en una escala del 1 al 10), ¿dónde te situarías?:

HAMBRE: 1 2 3 4 5 6 7 8 9 10

GANAS DE COMER: 1 2 3 4 5 6 7 8 9 10

ANSIEDAD: 1 2 3 4 5 6 7 8 9 10

LA VISTA:
Observa el aspecto del chocolate.

Color:
- ☐ marrón azulado
- ☐ anaranjado
- ☐ muy oscuro
- ☐ poco oscuro

Aspecto, textura:
- ☐ liso
- ☐ rugoso
- ☐ brillante
- ☐ grumoso
- ☐ huellas de dedos
- ☐ motivos ornamentales

Forma:
- ☐ cuadrado
- ☐ irregular
- ☐ regular

EL TACTO:
Toca el chocolate con los dedos:

La textura:
- ☐ lisa
- ☐ rasposa
- ☐ untuosa
- ☐ pegajosa

La temperatura:
- ☐ frío
- ☐ caliente
- ☐ a temperatura ambiente

25

EL OLFATO:

Sin ponértelo en la boca, huele el chocolate para distinguir sus distintos aromas:

EL RECUERDO: los posibles recuerdos que asocias con este aroma

☐ Quemado	☐ Almendra	☐ Café
☐ Torrefacto	☐ Avellana	☐ Violeta
☐ Ahumado	☐ Avellana tostada	☐ Flor de naranjo
☐ Tierra	☐ Nuez	☐ Praliné
☐ Heno	☐ Cacahuete	☐ Otros aromas
☐ Frutos rojos	☐ Coco	que crees
☐ Naranja confitada	☐ Leche	reconocer:
☐ Mermelada	☐ Mantequilla	....
☐ Plátano flambeado	☐ Caramelo	
☐ Miel	☐ Bizcocho	....
☐ Pimienta	☐ Brioche	....
☐ Canela	☐ Olores animales	
☐ Vainilla	☐ Cuero	....
☐ Higos secos	☐ Tabaco de pipa	....
☐ Pasas	☐ Alcohol	

Cuando hueles los aromas del chocolate, ¿en qué piensas?

....

....

....

....

....

....

....

26

La textura en la boca:

- ☐ liso
- ☐ rasposo
- ☐ untuoso, temperatura (frío, a temperatura ambiente), pegajoso...

EL GUSTO:

Define el gusto del chocolate:
- ☐ salado
- ☐ azucarado
- ☐ ácido
- ☐ amargo

(tápate la nariz para evitar los aromas y concentrarte en el gusto)

Anota también el nivel de intensidad del gusto:
- ☐ poco ácido
- ☐ ácido
- ☐ muy ácido

Sensaciones trigéminas:
- ☐ astringente
- ☐ rugoso
- ☐ rasposo
- ☐ reseco
- ☐ fresco
- ☐ ardiente
- ☐ picante

Siente los aromas del chocolate y anótalos a continuación (misma lista que para los olores):

. . . .

. . . .

. . . .

. . . .

. . . .

. . . .

. . . .

. . . .

. . . .

. . . .

. . . .

. . . .

. . . .

Lista de aromas para inspirarte en tu descripción de los distintos tipos de chocolate:

- ☐ Ahumado
- ☐ Tierra
- ☐ Heno
- ☐ Caramelo
- ☐ Mantequilla
- ☐ Mermelada
- ☐ Olores animales
- ☐ Cuero
- ☐ Nuez
- ☐ Canela

- ☐ Vainilla
- ☐ Higos secos
- ☐ Pasas
- ☐ Almendra
- ☐ Avellana
- ☐ Avellana tostada
- ☐ Praliné
- ☐ Cacahuete
- ☐ Coco
- ☐ Quemado

- ☐ Torrefacto
- ☐ Frutos rojos
- ☐ Naranja confitada
- ☐ Flor de naranjo
- ☐ Brioche
- ☐ Plátano flambeado
- ☐ Leche

- ☐ Miel
- ☐ Tabaco de pipa
- ☐ Alcohol
- ☐ Pimienta
- ☐ Violeta
- ☐ Cereza
- ☐ Bizcocho
- ☐ Café

Hoja de degustación

Tras la degustación (en una escala del 1 al 10), ¿dónde te situarías?

HAMBRE: 1 2 3 4 5 6 7 8 9 10

GANAS DE COMER 1 2 3 4 5 6 7 8 9 10

ANSIEDAD: 1 2 3 4 5 6 7 8 9 10

28

¿Has constatado que, cuando te tomas el tiempo de degustar un alimento, disminuyen tus ganas de comer?

¿Has constatado que has consumido menos que de costumbre?

Un poco de neurociencias

Cuando estimulas el conjunto de tus cinco sentidos en torno a un alimento que te gusta especialmente, tu cerebro reacciona sintetizando suficiente dopamina (hormona del placer) como para saturar todos los receptores dopaminérgicos, lo cual proporciona una sensación de bienestar particularmente agradable y relajante.

A la inversa, si no estimulas tus papilas gustativas, tu olfato, etc., porque comes haciendo otra cosa (viendo la televisión, por ejemplo), tu cerebro sintetizará muy poca dopamina, y las ganas de comer seguirán estando presentes. Por lo tanto, corres el riesgo de volver a servirte y de consumir muchas calorías, sin alcanzar la satisfacción.

Así pues, para gestionar las ganas de comer, es muy sencillo: ¡DEGUSTA!

Una vez que has logrado gestionar las ganas de comer, puedes esperar a que la sensación de hambre aparezca de nuevo (el semáforo verde de tu organismo, que está listo para quemar nuevas kilocalorías) antes de volver a comer.

29

Para estar en buena salud física y mental, para tener el peso adecuado y responder a tus necesidades energéticas (en vitaminas, minerales, nutrientes) y emocionales, es preciso que te escuches.

Sigamos con el recorrido.

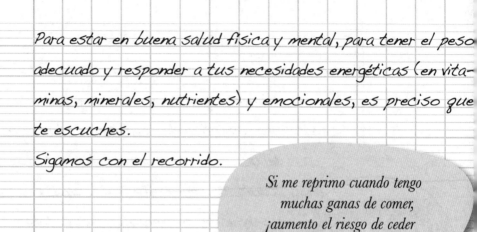

Si me reprimo cuando tengo muchas ganas de comer, ¡aumento el riesgo de ceder a deseos alimentarios compulsivos!

ORGANIZACIÓN DE LAS COMIDAS Y GESTIÓN DE LAS GANAS DE COMER

LA BUENA PROGRAMACIÓN: LA INGESTA ALIMENTARIA CUANDO LA SENSACIÓN DE HAMBRE ESTÁ PRESENTE

¿Qué debes hacer si no tienes hambre a la hora de comer?

¿Y si tus ganas de comer son irrefrenables?

Te propongo un ejercicio para detectar con mayor precisión cuáles son tus ganas de comer, en qué momento se manifiestan y cuáles son sus causas. Mediante este ejercicio, observarás asimismo los momentos en los que comes pese a no sentir hambre.

Al terminar este trabajo, encontrarás soluciones que podrás aplicar para gestionar tu toma de alimentos, sin restricciones, de modo que puedas seguir perdiendo peso.

¿Cómo gestionar lo que me hace comer sin tener hambre?

1) La detección

Te propongo que anotes todas tus tomas de alimentos **durante 5 días** en tu cuaderno, como en el ejemplo de la tabla que encontrarás a continuación:

· Antes de cada toma alimentaria, puntúa tu hambre en una escala del 1 al 10.

· Destaca (resaltando en color, como en la tabla del ejemplo) los momentos en que crees haber alcanzado la saciedad.

a ¿HORA? ¿LUGAR? ¿CON QUIÉN? ¿HACIENDO QUÉ?	¿QUÉ Y CUÁNTO?	PUNTÚA EL HAMBRE (DEL 1 AL 10). IDENTIFICA LOS EXCESOS
Lunes por la mañana, 6.30 En casa con mis hijos	Café 1/4 de baguette + 1 cucharadita de mermelada	Hambre = 4
	1 yogur 1 zumo de naranja	Consejo de equilibrio alimentario: miedo a tener hambre
Lunes al mediodía, 12.15 En el autoservicio, sola	Ensalada de garbanzos 2 filetes de merluza 6 cucharadas soperas de arroz	Hambre = 5
	1 requesón 1 crema pastelera	Consejo de equilibrio alimentario: insatisfacción
Lunes, 17.30 En la oficina, celebrando el cumpleaños de un compañero	1 copa de champán Varios pastelitos	Hambre = 0 Exposición / tentación
Lunes a la hora de cenar, 20.00 En casa con mi cónyuge y mi hijo A la mesa delante de la televisión	1 alita de pollo 4 patatas pequeñas salteadas 1 plato de ensalada verde + 2 cucharaditas de aceite	Hambre = 3
	1 bola de sorbete de cereza	Insatisfacción
Lunes por la noche, 22.30 En casa sola delante del televisor	5 galletas de chocolate	Hambre = 0 Emoción: ansiedad

Nota: esta tabla utilizada a título de ejemplo ha sido rellenada por una paciente.

33

Diferenciar bien:
- **Saciedad**: ya no tengo hambre.
- **Empacho**: ya no tengo ganas de comer.

Se trata de determinar las situaciones que te impiden adelgazar o que te hacen engordar: ocurren cuando comes demasiado, es decir, sin hambre.

Comemos demasiado de dos maneras:

↗ o bien empezamos a comer sin tener hambre;

↗ o bien seguimos comiendo sin tener hambre, más allá de la saciedad.

2) Las soluciones

Segundo trabajo: piensa en soluciones adecuadas para ti, refiriéndote a las situaciones que has detectado y marcado en color en el ejercicio anterior.

Puede suceder que no tengamos (o ya no tengamos) hambre y aun así comamos:

↗ Por dificultades para guardar o tirar alimentos

Terminas el plato, por miedo a derrochar: ten en cuenta que, aunque nuestras sociedades occidentales de consumo desenfrenado se vuelvan obesas, eso no redundará en la erradicación del hambre en las sociedades situadas al otro lado del planeta.

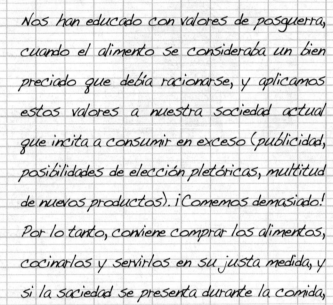

Nos han educado con valores de posguerra, cuando el alimento se consideraba un bien preciado que debía racionarse, y aplicamos estos valores a nuestra sociedad actual que incita a consumir en exceso (publicidad, posibilidades de elección pletóricas, multitud de nuevos productos). ¡Comemos demasiado! Por lo tanto, conviene comprar los alimentos, cocinarlos y servirlos en su justa medida, y si la saciedad se presenta durante la comida, no hay que dudar en dejar de comer, guardar el alimento en la nevera o tirar lo que sobra. De lo contrario, engordarás.

↗ Por miedo a tener hambre más tarde a lo largo del día

A veces comes por adelantado: un gran desayuno para aguantar durante el día, o un almuerzo abundante «porque hay que resistir hasta la noche, después de la reunión». Y ¡alehop! ¡Ya has superado tu propia saciedad! ¿Acaso

no sería más pertinente detenerte cuando estás saciado, pero
prever un alimento de seguridad, un tentempié que llevarás
contigo para matar el gusanillo durante el día?

↗ Por miedo a carecer de alimento

Temes no volver a encontrar en el plato el
alimento tan querido por todos tus sentidos
y que te produce tanto placer. Puedes
tranquilizarte almacenando tu «alimento
placer» en un maletín auxiliar, al que acudirás
en caso de necesidad (manteniéndolo fuera
del alcance de los niños o de tu cónyuge
tan aficionados a desvalijar tus armarios), o

localizando la tienda de comestibles más cercana que abra las
24 horas, donde podrás abastecerte si hace falta. Consume
estos alimentos cuando sientas hambre física.

↗ Por exposición a un alimento, por tentación

Los cruasanes frescos traídos por un compañero de trabajo, las galletas que los niños han dejado en la mesa
Concédete el derecho de darte un placer, pero degústa-
los ateniéndote al protocolo de degustación (véase p. 20)
Luego, en la siguiente comida, constatarás que tendrás

menos hambre, puesto que tu organismo habrá recibido un aporte calórico; comerás menos durante la comida y, por lo tanto, ¡tu peso se regulará! Si, pese a todo, tienes hambre en la siguiente comida, es porque tu organismo ya ha eliminado las calorías aportadas. Así pues, ¡come sin culpabilizarte!

↗ Bajo el efecto de las emociones

No son específicas, pueden ser positivas o negativas, conscientes o no, inducidas por alimentos o extradimenta-rias, sin relación directa con la gravedad o la importancia del acontecimiento. Pueden acarrear una impulsividad alimentaria, es decir, ganas irrefrenables de comer, pérdida de control, incapacidad para posponer el acto de comer. Esta ingesta alimentaria está causada en realidad por cierta intolerancia a las emociones.

Esto puede gestionarse en 4 etapas:

1. **La primera vez** que detectas un deseo de comer bajo el influjo de una emoción, puedes aceptar comer para calmarte, y no comer más hasta que reaparezca el hambre.

2. La segunda vez *también puedes elegir el alimento más reconfortante, el que te trae buenos recuerdos de la infancia, por ejemplo, aun cuando sea el más rico en calorías, y degustarlo con plena conciencia, como en el protocolo de degustación llevado a cabo anteriormente (véase p. 20). A continuación, espera a que regrese el hambre antes de volver a comer.*

3. La tercera vez, *puedes observar la emoción intolerable, nombrarla, buscar su causa, sentir sus efectos sobre tu cuerpo, esperar un poco respirando profundamente y a continuación, degustar el alimento que te resulte más reconfortante y calmante.*

4. La cuarta vez, *si te sientes preparado, puedes ejercitar tu tolerancia emocional, observar la emoción, revisar el contexto que la ha generado, desdramatizar, disociar las circunstancias que han generado esta emoción de tus sensaciones interiores (ganas de comer, impulsos) y tolerar esta emoción penosa durante unos minutos*

Al cabo de 10 minutos, la incomodidad y la frustración disminuyen, y el aspecto intolerable se atenúa, al igual que las ganas de comer. Te propongo que anotes todo esto en tu cuaderno. Si no funciona, vuelve a la etapa anterior y elige comer o no. No hay buenas o malas elecciones; hay una elección: aceptar y colaborar de manera justa contigo mismo.

↗ Según el razonamiento del «todo o nada»

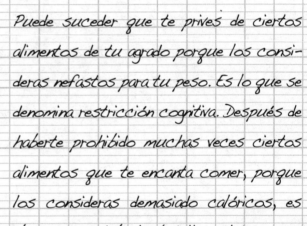

Puede suceder que te prives de ciertos alimentos de tu agrado porque los consideras nefastos para tu peso. Es lo que se denomina restricción cognitiva. Después de haberte prohibido muchas veces ciertos alimentos que te encanta comer, porque los consideras demasiado calóricos, es posible que te vengas abajo: me prohíbo la Nutella, y el día en que me autorizo a comerla, ¡me acabo todo el tarro! Es el esquema de pensamiento del «todo o nada» o conforme el cual «el daño ya está hecho». En ese caso, puedes aceptar reintroducir regularmente este alimento «placer» en momentos en que 39 sientas hambre, ya que de esta forma no te hará engordar (en la merienda por ejemplo, para rellenar un hueco, o de postre) y disminuirás el riesgo de conductas compulsivas.

↗ Por insatisfacción

Si estás saciado al acabar el plato, pero la comida no te
ha aportado suficiente placer alimentario y tienes ganas
(no hambre) de acabar con un toque de azúcar, el postre
consumido estará de más y tu cuerpo lo almacenará. Así
pues, puedes optar por guardar el postre para comerlo más
tarde, cuando tengas hambre. Puedes elegir degustar este
postre siguiendo el protocolo de degustación: eso te permitirá obtener un máximo de placer y satisfacer tus ganas
con poca cantidad. Asimismo, puedes ser previsor y hacer
una degustación pormenorizada de tu plato en la siguiente
comida, con lo cual comerás menos, pasarás al postre
teniendo aún un poco de hambre y tu cuerpo quemará las
calorías.

↗ Por atenerte a consejos de equilibrio alimentario

Puede que consumas un alimento sin tener hambre porque
te lo han prescrito (ciruelas para el estreñimiento, yogur
para el calcio, frutas de acuerdo con las recomendaciones
de los médicos nutricionistas, que aconsejan una ingesta
de 5 frutas y verduras al día). Pero si no tienes hambre

consumir este alimento te hará engordar: las 80 kcal aportadas por una manzana se almacenarán si las consumes
cuando tu organismo ya no está capacitado para quemar-
las. Así pues, piensa en integrar este «alimento necesario» a tu comida y no dudes en disminuir las raciones, de
modo que todavía tengas hambre cuando vayas a consumir el alimento necesario. ¡Procura no consumirlo como
suplemento!

Por fatiga/sed/dolor

¿Nunca has observado que, cuando estamos cansados y
aunque no sintamos hambre física, a veces comemos?
El ser humano no escucha siempre a su organismo y, en
lugar de descansar en caso de fatiga, de tomar analgési-
cos en caso de dolor o de beber en caso de sed, tiene una
respuesta preparada de antemano para tratar de satisfacer
una necesidad particular: ¡come! Procura centrarte en
ti mismo, identifica la necesidad de tu organismo y trata
de darle la respuesta más adecuada. La comida es la
respuesta adaptada para proporcionar energía al orga- 41
nismo en caso de hambre.

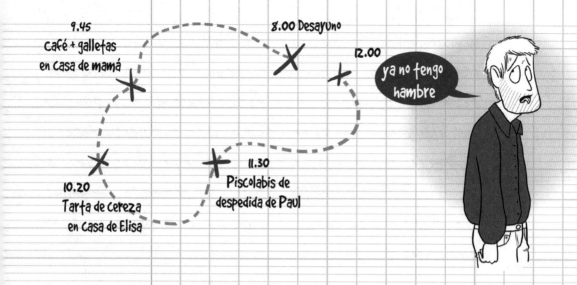

↗ Debido a obligaciones sociales o familiares

Puede que tu horario de comidas esté definido por la direc-
ción de tu empresa, o por la organización de tu vida familiar
y que te sientes a la mesa sin apetito porque es la hora
impuesta. ¿Qué sucede cuando comemos sin tener hambre?
¡Engordamos! Así pues, a falta de poder cambiar la hora de
la comida, puedes ser previsor: organiza tu jornada alimentaria
de modo que llegues a las horas de comer teniendo hambre.
Por ejemplo, si tu almuerzo está previsto a las 11.00 h
de la mañana y has constatado (durante el experimento de
autoobservación del cuaderno alimentario) que nunca tienes
hambre a esa hora, puedes reducir el desayuno, o incluso
mantener solo la hidratación (leche, té, café), de modo que

42

cuando sean las 11.00 h, tengas hambre. De esta forma, tu organismo quemará la comida ingerida a esa hora.

Ahora consigues organizar tus tomas alimentarias, respetar tus sensaciones de hambre y de saciedad, gestionar tus ganas de comer sin frustración y perder peso. ¡BRAVO!

ATENCIÓN: no debes tratar de perder 3 kilos al mes ni pasar hambre, porque corres el riesgo de volver a ganar mucho peso en muy poco tiempo.

Por lo tanto, tu objetivo es alcanzar el peso que te mantiene en forma y perpetuarlo, respetando tus sensaciones alimentarias.

EQUILIBRIOS NUTRICIONALES, APORTES VITAMÍNICOS, PLACER ALIMENTARIO, SILUETA... ¡TODAS TUS PREGUNTAS!

Si dominas tus sensaciones alimentarias pero te preocupas por:

↗ el riesgo de pérdida muscular;

↗ el riesgo de carencias en minerales y vitaminas;

↗ el riesgo de autorizarte alimentos grasos, salados o azucarados.

¡Mis músculos!

Te propongo que compruebes cuáles son las necesidades nutricionales de tu organismo; podrás darles una respuesta más adecuada si resitúas en su contexto las sensaciones asociadas a tus apetitos específicos y trabajas sobre la restricción cognitiva.

¿Cómo cubrir tus necesidades nutricionales y responder a tus apetitos específicos asegurando al mismo tiempo tu placer alimentario?

Relato de un experimento

Un hombre se ha alimentado exclusivamente en McDonald's durante un mes, a razón de 3 menús King Size al día (con la obligación de acabar el menú). Ha engordado 11 kg y ha desarrollado problemas hepáticos. Se ha rodado una película a partir de este experimento.

El experimento se ha repetido tras el estreno de la película, pero con reglas distintas.

Los voluntarios comían únicamente comida de McDonald's durante un mes, pero empezaban a comer cuando tenían hambre y dejaban de hacerlo cuando estaban saciados, sin obligación de acabar ningún menú.

En tu opinión, ¿qué se ha constatado al cabo de un mes?

45

Respuesta:

Ninguno de los sujetos ha ganado peso porque cada uno ha consumido la cantidad de alimento (y, por lo tanto, la cantidad de energía y de calorías) necesaria para que su organismo asegure su metabolismo de base.

En cambio, todos describían ganas de comer fruta fresca, verduras y pescado.

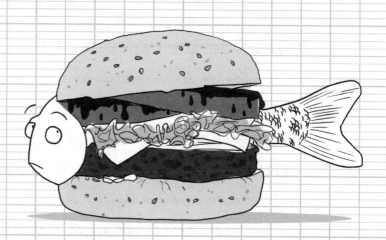

En efecto, tenían ganas de comer alimentos que contuviesen los nutrientes que su cuerpo necesitaba: vitaminas, minerales, omega. ¡Es lo que se denomina **«apetitos específicos»**!

Así pues, si a veces no comes de forma equilibrada durante algunos días, no te alarmes. Come cuando tengas hambre, no sobrepases la saciedad y escucha tus apetitos específicos, que te permitirán regular tu alimentación y evitar carencias.

¡El equilibrio alimentario
no depende de una sola
comida!

Del mismo modo, sentirás ganas de comer carne o pescado si estás en proceso de pérdida muscular o sufres una carencia de proteínas.

¡Puedes aceptar complacerte comiendo lo que te gusta!

Al igual que la regulación del peso mediante la escucha de las sensaciones de hambre y saciedad, o del mismo modo que la regulación de las carencias nutricionales mediante la escucha de los apetitos específicos, existe una **regulación del placer alimentario**.

Te propongo que realices un experimento:

PLACER ALIMENTARIO
=
ALIVIO + SATISFACCIÓN

47

1. Elige 2 unidades de un alimento que te **guste mucho** (gusto > 8), por ejemplo un pastel, un queso, un salchichón...
2. Suprime el almuerzo habitual.
3. Espera a que aparezca un hambre **tangible** (> 8) y consume el primer pastel (o queso, etc.).

El alivio es una sensación que se obtiene con los primeros bocados. Es proporcional a la intensidad del hambre. La puntuación del alivio no puede ser superior a la puntuación del hambre. Cuando el hambre es igual a cero, el alivio también es igual a cero.

4. Completa la comida en función del hambre.
5. Toma la cena habitual, con postre incluido.
6. **Inmediatamente después** de la cena, consume el segundo pastel (queso, etc.).

Si el placer es nulo o muy débil, no es necesario que
te obligues a terminar el pastel.
¿Qué conclusión sacas?

....
....
....
....
....
....
....
....
....
....
....
....

**A partir de ahora, ¿en qué momento vas a consumir tus
alimentos placenteros?**

....
....
....
....
....
....
....
....

(Respuesta: cuando tengo hambre / al final de la comida a
condición de tener todavía hambre.)

ESAS EMOCIONES QUE HACEN COMER

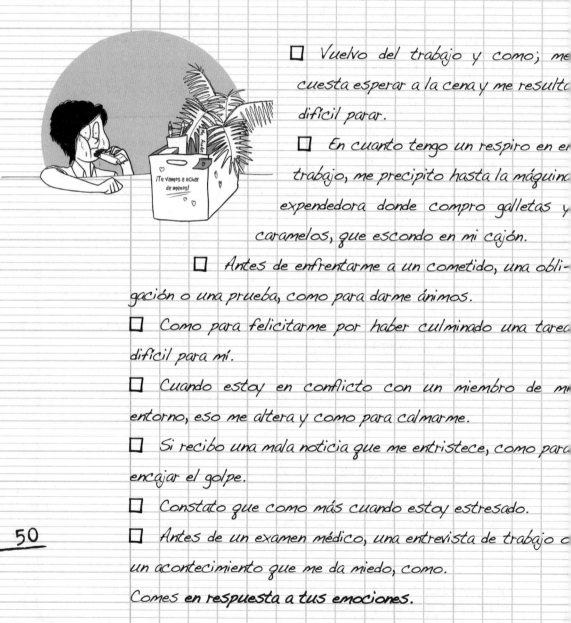

☐ Vuelvo del trabajo y como; me cuesta esperar a la cena y me resulta difícil parar.

☐ En cuanto tengo un respiro en el trabajo, me precipito hasta la máquina expendedora donde compro galletas y caramelos, que escondo en mi cajón.

☐ Antes de enfrentarme a un cometido, una obligación o una prueba, como para darme ánimos.

☐ Como para felicitarme por haber culminado una tarea difícil para mí.

☐ Cuando estoy en conflicto con un miembro de mi entorno, eso me altera y como para calmarme.

☐ Si recibo una mala noticia que me entristece, como para encajar el golpe.

☐ Constato que como más cuando estoy estresado.

☐ Antes de un examen médico, una entrevista de trabajo o un acontecimiento que me da miedo, como.

Comes **en respuesta a tus emociones.**

Cita e identifica las emociones que te hacen comer:

Los estudios científicos demuestran que el acto alimentario activa los circuitos de la recompensa: como, eso estimula mis sentidos y, en respuesta, mi cerebro segrega dopamina (la hormona del placer); de resultas, me siento bien.

Así pues, comer permite obtener cierta sensación de bienestar o apaciguar ciertas emociones negativas.

En cambio, si después de comer para mejorar tu estado emocional te culpabilizas, tu estado emocional se degrada de nuevo y pronto volverán las ganas de comer.

Es lo que se denomina trastorno del alivio.

 51

Pequeño ejercicio para gestionar tu trastorno del alivio: «¿Qué estoy calmando?»

Cuando te sorprendas a ti mismo comiendo sin tener hambre, ¡detente! Pregúntate: «¿Qué estoy calmando?»
....
....
....
....

Identifica la emoción experimentada en ese instante: ¿tristeza, miedo, cólera, frustración, ansiedad?
....
....
....

A continuación identifica el origen de esa emoción: ¿qué acontecimiento(s) la genera(n)?
....
....
....

Eso permitirá sin duda que la intensidad emocional disminuya un poco. Si, aun así, las ganas de comer persisten, puedes decidir calmar tus emociones comiendo, ¡pero no con cualquier alimento, y tampoco de cualquier manera!

Elige el alimento más reconfortante, el que te aporta más placer, el que despierta buenos recuerdos, sea cual sea su valor calórico.

Si eliges apaciguar tus emociones comiendo un alimento light (galleta de arroz integral), este no estimulará tus papilas gustativas y tu cerebro no sintetizará la cantidad de dopamina suficiente para saturar tus receptores y canalizar las ganas de comer. Así, tras haber consumido un alimento light, te quedarás insatisfecho y corres el riesgo de comer otro alimento, y luego otro... ¡antes de acabar rindiéndote ante tu chocolate favorito!

Por lo tanto, elige tu alimento más reconfortante y degústalo según el protocolo de degustación y de análisis sensorial expuesto anteriormente.

Una pequeña cantidad será suficiente para apaciguar tu emoción, y si percibes que tienes menos hambre en la comida siguiente, podrás disminuir las cantidades que consumas. Ahora ya sabes apaciguar tus emociones negativas con ciertos alimentos muy precisos, según un protocolo preciso, y perderás peso.

¡SIGUE ASÍ!

53

Si deseas gestionar esas emociones que te hacen comer y recurrir menos a menudo a la comida, he aquí algunas herramientas.

Deja de culpabilizarte

(Te aconsejo el cuaderno de ejercicios de Yves-Alexandre Thalmann, **Para ser libre y dejar de culpabilizarse,** editado por Terapias Verdes.)

La culpabilidad es un sentimiento que sabotea los buenos momentos de la vida; invade nuestra existencia y arruina nuestro bienestar. Cuando nos encontramos mal, ¿acaso no tenemos tendencia a comer para apaciguarnos? Cuando comemos, ¿acaso no nos culpabilizamos?

Así comienza el círculo vicioso: emoción negativa > malestar > ingesta alimentaria > culpabilidad > malestar, etc.

Buena noticia: es posible salir de este círculo vicioso y librarse de la culpabilidad.

Ejercicios

• **Haz una lista de las cosas que hacen que te culpabilices (identifica tus fuentes de culpabilidad):**

☐ ....

☐ ....

☐ ....

☐ ....

• **Si no me sintiera culpable, podría:**
☐ comer ese fondant de chocolate que tanto me apetece. ¿Y tú?

☐ ....

☐ ....

☐ ....

La culpabilidad no es la vergüenza: la vergüenza se asocia a la mirada de los demás; la culpabilidad es la consecuencia de una falta que hemos cometido.

↗ **La culpabilidad normal** se manifiesta para incitarnos a respetar las reglas, a no perjudicar a los demás o a castigarnos a nosotros mismos cuando infringimos esas reglas por los malos momentos que pasamos al culpabilizarnos (culpabilidad por haber robado, por haber provocado un accidente, etc.).

↗ **La culpabilidad malsana**, en cambio, aparece sin que se haya cometido ninguna falta objetiva (culpabilidad por tener más éxito que nuestros hermanos o hermanas, por llevar a un hijo a la guardería para poder desarrollar una actividad profesional, por autorizarnos un aperitivo con amigos).

Retoma tu lista de culpabilidades y anota si se trata de una falta en el sentido legal del término, si está probada y qué perjuicio ha ocasionado a otras personas. *¿Tu culpabilidad es legítima?*

A continuación, tras haber detectado las culpabilidades malsanas, anota en esta lista de culpabilidades la regla que crees haber transgredido (¿regla moral, religiosa, comunitaria, familiar, personal?).

¿Cuál es el mayor riesgo al que te expones por haber infrin-gido esta regla?

Situación	Pensamiento automático	Pensamiento alternativo	Comportamiento
Tengo ganas de comer chocolate.	Tengo ganas de comer chocolate.	Si lo degusto, me bastará con una pequeña cantidad y tendré menos hambre en la próxima comida. Por lo tanto, no engordaré.	Degusto el chocolate y espero a tener hambre antes de volver a probarlo.
Ya no tengo hambre, pero quedan restos en mi plato.	No voy a derrochar cuando otros se mueren de hambre.	Si como sin tener hambre o sobrepaso el nivel de saciedad, mi cuerpo va a almacenar.	Paro de comer y guardo el alimento en la nevera para más tarde.

Nota: esta tabla utilizada a título de ejemplo ha sido rellenada por un paciente.

Tras esta pequeña reflexión sobre ti mismo, un poco de práctica: te propongo que rellenes esta tabla. ¿Constatas el impacto sobre tu comportamiento alimentario?
Puedes volver a hacer este ejercicio cada vez que te sientas en apuros con tus alimentos o tus emociones.

CONCLUSIÓN

Las investigaciones actuales en torno a los problemas de peso demuestran que la alimentación tiene como objetivo responder a nuestras necesidades físicas y energéticas para permitirnos vivir, y que asimismo responde a nuestras necesidades psíquicas a través del placer alimentario que nos proporciona.

La alimentación no es algo que se pueda intelectualizar o reducir a un cálculo apocalíptico de calorías. Se experimenta en lo más profundo de nuestro ser a través de las sensaciones alimentarias: hambre, saciedad, apetitos específicos.

Nuestros pensamientos, ligados a creencias alimentarias del tipo «comer azúcar hace engordar por fuerza» o a preceptos sociales del tipo «hay que estar delgado para ser una persona valorada, bien vista por los demás», nos ponen en situación de restricción cognitiva —«me prohíbo ciertos alimentos que me gustan y que hacen engordar porque quiero estar delgado»— y esas privaciones y frustraciones conllevan a menudo conductas compulsivas y una desregulación de nuestro comportamiento alimentario; nuestro peso real se aparta de nuestro peso de equilibrio, y empieza el círculo vicioso: «¡Cuanto más intento adelgazar, más engordo!». Así pues, ¡vuelve a centrarte en tus sensaciones!

Nuestras emociones, como la culpabilidad o la ansiedad, provocan asimismo que perdamos el control de las tomas alimentarias. En lugar de luchar hasta el agotamiento contra esas emociones recurrentes que nos hacen comer, podemos aprender a aceptarlas. Esto consiste en considerar esas emociones negativas como lo que son, en el momento en el que aparecen: como fenómenos psíquicos, como meros estados de ánimo. Dejándolas existir, estas emociones pierden intensidad y acaban desapareciendo. Una emoción es pasajera. Entonces, podemos decidir libremente comer o no, escuchar nuestras sensaciones alimentarias concentrándonos en nosotros mismos, degustar el alimento más reconfortante para nosotros, en plenitud de conciencia.

Permanecer a la escucha de los mensajes de nuestra vida interior es cuidar de nosotros mismos. De este modo nos encaminamos hacia una vida llena de sentido, más justa con nosotros mismos y portadora de una conexión benévola con los demás.

Esta vida consciente nos permite desarrollar con mayor claridad nuestros valores, con el fin de actuar de acuerdo con nosotros mismos y sin someternos a los dictados sociales.

Espero que este cuaderno de ejercicios te haya permitido paladear esta nueva forma de ser y que te ayudará a saborear una autoestima que se desarrollará un poco más cada día, hasta alcanzar una vida rica bajo todos los puntos de vista, ¡una vida bien sazonada, auténticamente humana y omnívora!

Mi alimento más reconfortante:

El fondant de chocolate *que me preparaba mi abuela.*

- ☐ 250 g de chocolate
- ☐ 100 g de mantequilla
- ☐ 4 huevos
- ☐ 150 g de azúcar
- ☐ 100 g de harina fina

En primer lugar, precalentaba su viejo horno a 180 °C, termostato 6.

① A continuación fundía la mantequilla y el chocolate en una cazuela de hierro fundido.

② Batía el azúcar y los huevos hasta obtener una crema esponjosa en una ensaladera de terracota.

Luego mezclaba con delicadeza el chocolate fundido con la crema untuosa.

③

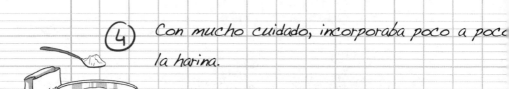

④ Con mucho cuidado, incorporaba poco a poco la harina.

⑤ Finalmente, vertía la pasta así obtenida en los moldes previamente untados con mantequilla y espolvoreados con harina.

⑥ Tras dejar la pasta 10 minutos en el horno, retiraba el molde. Para aderezar los pastelillos rellenos de chocolate líquido, corría a su jardín a coger algunas frambuesas. ¡Ese era su toque personal!

Y cuando nuestros estómagos empezaban a gorgotear, nos sentábamos a la mesa, juntos, con todos nuestros sentidos despiertos, y degustábamos sus fondants en un ambiente de feliz convivencia.

Y para ti, ¿cuál es el alimento más reconfortante?

¡BUEN VIAJE AL PAÍS DE LOS SABORES Y DEL PLACER!

CUADERNOS DE EJERCICIOS

Ver todos los títulos en

www.terapiasverdes.com